ANIMAUX DES MONTAGNES

Chelsea Donaldson

Texte français de Claude Cossette

Éditions
■SCHOLASTIC

L'éditeur a fait tout en son pouvoir pour trouver le détenteur du copyright de toutes les photographies utilisées dans le texte et serait heureux qu'on lui signale toute erreur ou toute omission.

Crédits pour les illustrations et les photos
Couverture : © Alan & Sandy Carey/Ivy Images; pp. i (centre), 2, 5, 12, 13, 14–15, 16, 18, 20–21, 25, 26, 30, 31, 33, 43, 44 (centre) : © Tom & Pat Leeson; i et iii (bordure) : © iStockphoto.com/Randy Mayes; iv (carte) © HotHouse Design Studio; iv–1 (montagnes) : © Alan Fortune/Animals Animals–Earth Scenes/Maxx Images Inc.; p. 3 : © Bret Edge/age fotostock/Maxx Images Inc.; p. 4 : © SuperStock/Maxx Images Inc.; p. 6 : © Ken McGraw/Index Stock/Maxx Images Inc.; pp. 7, 8, 17, 19, 23, 28, 34, 35 : © Thomas Kitchin & Victoria Hurst; pp. 9, 27 : © Alan & Sandy Carey/Ivy Images; pp. 10–11 : © Eric Baccega/age fotostock/Maxx Images Inc.; p. 22 : © Jim Brandenburg/Minden Pictures; pp. 24, 42 : © Ralph Reinhold/Animals Animals–Earth Scenes/Maxx Images Inc.; p. 29 : © Paul Higgins; p. 36 : © W. Lankinen/Ivy Images; p. 37 : © Len Lee Rue Jr./Ivy Images; p. 38 : © Daniel J. Cox/Naturalexposures.com; p. 39 : © Wayne Lankinen/DRK Photo; p. 40 : © SCPhotos/Alamy; p. 41 : © Barbara Von Hoffmann/Animals Animals–Earth Scenes/Maxx Images Inc.; p. 44 (à gauche) : © iStockphoto.com/Stefan Ekernas; p. 44 (à droite) : Photodisc via SODA; 4e de couverture : © iStockphoto.com/Len Tillim

Produit par Focus Strategic Communications Inc.
Gestion du projet : Adrianna Edwards
Conception graphique et mise en pages : Lisa Platt
Recherche pour les photos : Elizabeth Kelly

Un merci tout particulier à Bill Freedman de l'Université Dalhousie pour son expertise.

Catalogage avant publication de Bibliothèque et Archives Canada
Donaldson, Chelsea, 1959-
Animaux des montagnes / Chelsea Donaldson ; texte français de Claude Cossette.

(Le Canada vu de près)
Traduction de: Canada's mountain animals.
Pour enfants.
ISBN 978-0-545-99488-0

1. Faune alpestre—Canada—Ouvrages pour la jeunesse. I. Titre.
II. Collection: Canada vu de près

QL113.D6514 2008   j591.75'30971   C2007-907566-5

Édition publiée par les Éditions Scholastic, 604, rue King Ouest, Toronto (Ontario) M5V 1E1 CANADA.

6 5 4 3 2 1   Imprimé au Canada   08 09 10 11 12 13

TABLE DES MATIÈRES

Montagnes du Canada

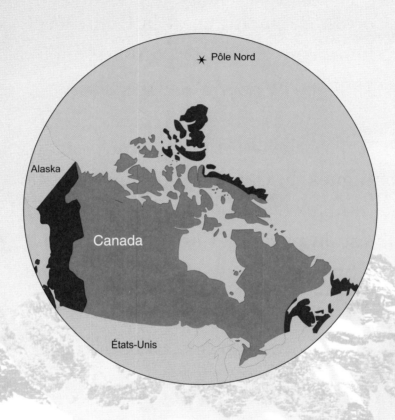

■ Montagnes principales du Canada

■ Canada

□ États-Unis

Bienvenue à la montagne!

Au Canada, nous avons trois grandes chaînes de montagnes : les Appalaches, la Cordillère pacifique et la Cordillère arctique. Une chaîne est un ensemble de montagnes rattachées entre elles.

Les Appalaches sont les plus anciennes montagnes du Canada. Elles ont environ 250 millions d'années et sont situées sur la côte est du pays. La Cordillère pacifique constitue la chaîne de montagnes la plus grosse et la plus haute. Elle se trouve le long de la côte ouest et comprend les Rocheuses.

La Cordillère arctique est située dans le Grand Nord. C'est la chaîne de montagnes le plus au nord sur la Terre. Il y fait si froid qu'à peu près rien n'y pousse et qu'aucun animal n'y vit.

Les montagnes du Canada abritent des animaux fascinants. Grimpons et observons!

CHAPITRE 1

La chèvre de montagne

La chèvre de montagne a des sabots et des cornes comme les autres chèvres, mais elle ne leur est pas apparentée directement. Avec son pelage touffu, elle ressemble un peu au mouton, mais elle ne fait pas partie de cette famille non plus.

En fait, la chèvre de montagne n'a pas de proche cousin en Amérique du Nord. C'est une créature unique qui vit tout en haut des montagnes depuis des centaines de milliers d'années. Elle est parfaitement adaptée à la vie sur les escarpements rocheux et accidentés.

Peu d'animaux peuvent grimper aussi bien que la chèvre de montagne. Ses sabots pourvus de coussinets spéciaux adhèrent comme des ventouses aux rochers glissants. Ils sont fourchus, c'est-à-dire divisés en deux doigts en forme de V, ce qui permet à la chèvre de les coincer dans les roches quand elle descend une pente.

Elle peut se percher sur des corniches très étroites et se retourner sans tomber grâce à ses courtes pattes rapprochées. Elle est aussi capable de sauter par-dessus des failles de trois mètres de largeur. La puissante musculature de sa poitrine et ses grosses épaules facilitent l'escalade.

La femelle donne habituellement naissance à un seul bébé, ou chevreau, à la fois. On appelle le mâle un bouc. Le chevreau naît souvent sur une saillie, en haut d'une montagne où les prédateurs, comme les grizzlis et les coyotes, ne peuvent pas accéder. Mais la chèvre doit tout de même faire attention aux aigles. Ils essaient parfois de faire tomber le chevreau de la corniche.

Quelques heures à peine après sa naissance, le chevreau se met à grimper. Au bout de quelques jours, il peut suivre sa mère presque partout.

Pendant l'été, la chèvre de montagne reste très haut sur la montagne. Elle broute des arbrisseaux et de l'herbe.

À mesure que la température se refroidit, il devient plus difficile de trouver de la nourriture. La chèvre descend alors un peu ou cherche une pente abrupte où la neige n'adhère pas. Ainsi, elle peut trouver de la nourriture qui, autrement, serait ensevelie. Malgré tout, lorsqu'il y a de fortes chutes de neige en hiver, il arrive que les jeunes chèvres de montagne meurent de faim.

La chèvre de montagne a parfois de la difficulté à trouver de la nourriture, mais jamais à rester au chaud. Elle a deux couches de fourrure. La couche du dessous est épaisse et laineuse, comme un chandail chaud. La couche du dessus fait fonction d'imperméable; elle a des poils plus longs, appelés jarres, qui protègent la chèvre du vent, de la pluie, de la neige et du grésil.

Au printemps, la chèvre de montagne mue et son manteau d'hiver tombe en lambeaux. Pendant un certain temps, elle a vraiment l'air déguenillée!

CHAPITRE 2

Le grizzli

La bosse que porte le grizzli entre les épaules le distingue facilement de son cousin plus petit, l'ours noir. Le grizzli ou ours brun est aussi plus imposant que l'ours noir. Il peut faire près de trois mètres de hauteur. Quand un grizzli se met debout sur ses pattes arrière, il dépasse n'importe quel humain! Le grizzli a de longues griffes, et une face ronde et plate qui ressemble un peu à une assiette. Mais ne t'en approche pas trop. Il est très féroce!

Plantes, légumes,
fruits et petits
insectes composent
la majeure partie
du menu du
grizzli. Mais
il tue et mange
aussi des wapitis,
des chevreuils,
des caribous et du
poisson.

Le grizzli adore les petits fruits sauvages.
À l'automne, il peut manger à lui seul
jusqu'à 50 000 baies en une journée!

Le grizzli mange beaucoup à l'automne
parce qu'il doit se préparer pour les longs
mois d'hiver. Comme les autres ours,
le grizzli hiberne, c'est-à-dire qu'il dort
pendant presque tout l'hiver.

Au mois de novembre, le grizzli commence à se préparer pour l'hibernation. S'il n'arrive pas à trouver un arbre creux ou une caverne confortable, il se creuse une tanière dotée d'un tunnel qui s'enfonce sous terre. Puis il rampe à l'intérieur, bâille et s'installe en prévision d'un sommeil long et profond.

Pendant que le grizzli dort, la neige recouvre l'entrée de sa tanière et agit comme une grosse couverture qui garde l'intérieur chaud jusqu'au printemps.

La femelle donne naissance à ses petits dans sa tanière, pendant l'hiver. Elle a habituellement deux minuscules oursons. Ceux-ci restent près d'elle; ils dorment, tètent son lait et grandissent un peu plus chaque jour.

En avril ou en mai, les oursons sortent de la tanière pour la première fois. Ils sont très enjoués; ils courent, glissent, sautent et font des culbutes pendant que leur mère cherche de la nourriture. Cette dernière leur montre où creuser pour trouver des racines, où les premières pousses vertes vont apparaître et comment ne pas s'attirer d'ennuis.

Au cours des mois qui suivent, les membres de la famille ne s'éloignent jamais les uns des autres. Les oursons restent avec leur mère pendant deux à quatre ans. Puis, ils quittent le logis.

Au revoir, maman!

CHAPITRE 3

Le mouflon d'Amérique

On reconnaît facilement le mouflon d'Amérique à ses cornes. Chez le mâle, ou bélier, les cornes s'enroulent vers l'arrière à partir du front, puis décrivent une spirale vers l'avant autour des oreilles. La femelle, ou brebis, a des cornes beaucoup plus courtes.

Tu peux aussi reconnaître le mouflon à son arrière-train. On dirait qu'il s'est assis dans un seau de peinture blanche! Heureusement que personne n'a pensé à le nommer d'après cette caractéristique-là!

Au printemps, la brebis s'éloigne du troupeau pour aller mettre bas, seule. Les agneaux apprennent à marcher dans les heures suivant leur naissance et peuvent regagner le troupeau avec leur mère au bout de quelques jours.

Les agneaux s'amusent ensemble. Leurs jeux ressemblent beaucoup à ceux des enfants, comme « Suivez le guide »!

Chez le mouflon d'Amérique, la saison des amours a lieu en novembre. Les béliers se rassemblent et évaluent la concurrence. Soudain, ils se cabrent et se pourchassent. Ils se chargent et se percutent front contre front. BOUM! BOUM! BOUM!

Crois-le ou non, mais ces coups ne blessent pas les béliers. En effet, leur front est doté d'une plaque osseuse ultra épaisse qui absorbe les chocs. Ils s'en sortent généralement avec une corne ébréchée seulement et peut-être... un gros mal de tête!

La bataille peut durer des heures.
Les béliers s'attaquent sans marquer de
pauses, quelquefois un contre un, et parfois,
deux contre un. Puis, aussi soudainement
qu'il a commencé, le combat s'arrête.

Pour nous, il est difficile de savoir qui
a gagné. Mais les béliers le savent, et les
brebis aussi. Les autres mâles s'éloignent,
et le gagnant est le premier à s'accoupler.

CHAPITRE 4

Le couguar

Le couguar, ou lion de montagne, peut survivre dans toutes sortes d'habitats. Auparavant, on le trouvait partout dans le sud du Canada et jusque dans l'est, au Nouveau-Brunswick et en Nouvelle-Écosse. Au fil du temps, les humains ont envahi de nombreuses régions où vivaient les couguars. Aujourd'hui, il en reste très peu dans l'est du pays, mais beaucoup plus dans l'ouest, surtout dans les régions montagneuses, loin des humains. Les montagnes leur fournissent de la nourriture et des endroits pour se cacher.

Le couguar n'est pas aussi gros que ses cousins, le lion, le tigre et le léopard. Et il ne rugit pas. À la place, il GRONDE, SIFFLE, HURLE ET RONRONNE!

Le couguar court vite et saute très haut. Il peut faire un bond de six mètres pour atteindre la branche d'un arbre. C'est comme si tu sautais jusque sur l'anneau d'un panier de basket-ball!

La femelle a de un à six petits. Pendant
une semaine environ, ils sont minuscules,
duveteux et aveugles. Ils se nourrissent du
lait de leur mère pendant les trois premiers
mois, jusqu'à ce qu'elle commence à leur
apporter des aliments solides.

Les jeunes couguars restent près de leur
mère pendant un an ou deux. Au cours de
cette période, ils apprennent à chasser en
s'approchant furtivement de leur proie pour
la mordre à la nuque. Leurs dents longues et
pointues, et les muscles puissants de leur cou
sont parfaits pour saisir une proie et la retenir.

Le couguar mange de petites créatures telles que le pika, la souris, le castor et le lapin. Cependant, il préfère les proies plus grosses comme le chevreuil, l'orignal et le wapiti.

Le couguar se tient habituellement loin des humains. Il lui arrive toutefois d'attaquer si quelqu'un s'approche trop près de lui.

CHAPITRE 5

Le wapiti

Le wapiti mâle passe la plus grande partie de l'été à manger autant qu'il le peut pour prendre des forces. À l'automne, il utilise la moindre parcelle de son énergie pour attirer des femelles dans son « harem ».

Cela exige beaucoup de travail. Le mâle doit constamment rester sur ses gardes pour éloigner les autres mâles qui veulent voler ses femelles. Plus il attire de femelles, plus il a de la difficulté à repousser ses rivaux.

La femelle choisit un mâle en se fiant principalement à son appel, qui doit être puissant. Cet appel ressemble en fait à un sifflement très fort et aigu. On peut l'entendre à plusieurs kilomètres à la ronde.

La ramure sert aussi à attirer la femelle. Celle d'un wapiti peut atteindre près de deux mètres de largeur. (La femelle, elle, n'en a pas.) La ramure devient si lourde que, pour la soutenir, le wapiti est pourvu de muscles spéciaux dans le cou. Un mâle qui n'a pas de ramure ou dont la ramure est brisée n'a aucune chance de se constituer un harem. Par contre, un mâle dont le cri est puissant et qui possède une imposante ramure peut réunir jusqu'à 20 femelles avec qui s'accoupler.

Une fois la saison des amours terminée,
les mâles partent seuls ou en petits groupes
pour se reposer et reprendre des forces.
Pendant l'hiver, ils perdent leur ramure,
et une nouvelle commence à pousser.

Les femelles et les faons plus âgés forment
de grands troupeaux, appelés hardes, pour
assurer leur sécurité pendant l'hiver. Au
printemps, les femelles pleines quittent la
harde pour aller mettre bas, seules. Elles
cachent leurs nouveau-nés dans de longues
herbes pendant environ deux semaines.

Ces deux semaines représentent la période la plus dangereuse de la vie d'un wapiti. La mère rôde non loin, à l'affût des coyotes, des ours et des autres prédateurs. Si elle sent un danger, elle lance un cri bien particulier. Le faon sait alors qu'il doit se tapir et rester tranquille jusqu'à ce que le danger soit passé.

Il est difficile pour les prédateurs de trouver les petits, car ils ne dégagent aucune odeur. Pourtant, beaucoup sont tués au cours des deux premières semaines de leur vie. Ceux qui survivent rejoignent la harde, où ils sont désormais en sécurité.

CHAPITRE 6

La marmotte des Rocheuses

Un écureuil terrestre de la taille d'un chat? Crois-le ou non, mais c'est une définition assez juste de la marmotte des Rocheuses. La marmotte est le plus gros membre de la famille des écureuils d'Amérique du Nord.

Grâce à l'épaisseur de sa couche de graisse et de son pelage souple, la marmotte peut survivre dans un climat très froid, haut dans les montagnes. Cette charmante petite bête vit dans le sud du Yukon et dans les Territoires du Nord-Ouest.

La marmotte des Rocheuses passe une grande partie de sa vie en hibernation. Pendant cette période, sa respiration et son rythme cardiaque ralentissent, et la marmotte n'a pas besoin de manger pour rester en vie. Quand elle n'hiberne pas, elle aime se coucher au soleil, sur des roches chaudes. Elle passe le reste de son temps à se nourrir… et à jouer.

Quand les marmottes jouent, on dirait des lutteurs. Elles se tiennent sur leurs pattes arrière, face à face, et saisissent leur adversaire par la fourrure. C'est le début du combat, qui prend fin dès que l'une des marmottes laisse échapper un cri.

La marmotte aime jouer, mais elle reste toujours vigilante, en cas d'attaques de prédateurs. Ses principaux ennemis sont le lynx, l'aigle royal, le renard, le coyote, l'ours et le carcajou.

Avec autant d'ennemis, la marmotte a trouvé un système de défense astucieux. Au premier signe de danger, la marmotte qui fait le guet émet un sifflement perçant. Les autres marmottes peuvent alors savoir quel type de prédateur approche et à quelle distance il se trouve. Elles courent se mettre à l'abri.

Les marmottes des Rocheuses vivent en
colonies. Une colonie se compose
habituellement d'un mâle, de plusieurs
femelles et des petits qui sont nés l'année
précédente. Lorsque les jeunes mâles sont
devenus autonomes, un mâle plus âgé les
chasse. Ils doivent alors s'installer
ailleurs. Environ la moitié des jeunes
femelles sont aussi chassées de la colonie.

Une marmotte s'aventure rarement dans
le territoire d'autres marmottes. Elle
reste dans son groupe familial, où elle
mange, dort et joue... jusqu'à la prochaine
longue hibernation.

CHAPITRE 7

L'arlequin plongeur

L'eau glacée d'une rivière de montagne déferle et bouillonne. En descendant vers la mer, elle prend de la vitesse et frappe les rochers.

Mais qu'est-ce qui flotte sur la rivière? C'est un petit oiseau de la taille d'un pigeon. Et l'eau agitée ne semble pas le déranger du tout. Il ballotte dans l'écume comme un bouchon de liège! C'est un arlequin plongeur.

L'arlequin plongeur est plus petit que la plupart des autres canards. Un arlequin adulte n'est pas plus gros qu'une petite miche de pain. La femelle est brun pâle, et trois cercles blancs ornent sa face. Le mâle, lui, est très coloré. Il ressemble un peu à un bouffon avec ses plumes rouges, bleues, blanches et noires.

En fait, ce canard tire son nom d'un personnage du théâtre italien, le bouffon Arlequin. Celui-ci avait le visage maquillé et portait un costume aux couleurs vives.

L'arlequin plongeur passe son temps à nager dans des eaux tumultueuses. Plus elles sont agitées, plus cela fait son bonheur! Il passe ses étés en bordure de rivières de montagne au courant fort, dans l'est et dans l'ouest du Canada. L'hiver, il migre vers les côtes.

On pourrait croire que des animaux qui vivent si près de l'eau se nourrissent de poissons. Mais l'arlequin préfère les larves d'insectes, comme les mouches noires et les moucherons, ainsi que les crabes, les œufs de poisson et les petits mollusques. L'arlequin plonge dans un ruisseau ou une rivière; il nage près du fond et retourne les roches pour dénicher sa nourriture préférée.

L'arlequin plongeur naît dans un nid,
sur le bord d'un cours d'eau
rapide. La femelle
pond de trois
à huit œufs
et les couve
pendant
environ
28 jours.
Quand les
œufs ont éclos, la mère emmène ses
canetons dans la rivière et leur apprend
à trouver de la nourriture.

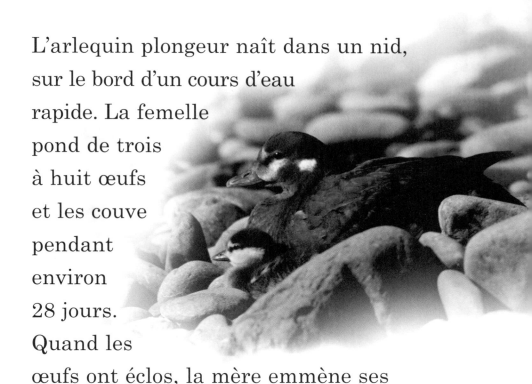

Les canetons n'ont aucun problème
à nager; ils savent le faire dès leur
naissance. Mais il leur faut de 40 à
50 jours pour apprendre à voler. Quand
ils sont prêts, ils s'élancent dans le ciel,
puis ils planent et piquent vers le sol
aux côtés de leur mère.

CHAPITRE 8

Le pika

Le pika est plus petit que ses cousins le lapin et le lièvre. Il a des oreilles rondes, un corps en forme d'œuf, mais pas de queue. La taille d'un pika adulte est à peu près celle d'un cochon d'Inde. Il ressemble beaucoup à une souris.

Le pika vit dans la montagne, car c'est là qu'il a le plus de chances de trouver son habitat préféré : un tas de pierres près d'un pré. Il peut se cacher sous les pierres pour se mettre à l'abri des aigles et autres prédateurs. Et le pré lui fournit l'herbe et les fleurs dont il se régale.

En montagne, la température reste fraîche, même l'été, ce qui convient aussi au pika. On trouve des pikas en Colombie-Britannique, dans le sud du Yukon et dans les Territoires du Nord-Ouest.

Le pika passe la majeure partie de l'été à ramasser des fleurs et de l'herbe dans le pré. Il étale les plantes sur des pierres pour les faire sécher, avant de les mettre en réserve en une grosse « meule de foin », dans sa tanière.

Certaines des plantes que le pika choisit sont un peu vénéneuses. Mais le pika sait que le poison qu'elles contiennent garde les plantes fraîches plus longtemps et disparaîtra avec le temps. En choisissant des plantes variées, le pika s'assure d'avoir des aliments sains tout l'hiver.

Les pikas peuvent être nombreux à partager un même tas de pierres, mais ils ne passent pas beaucoup de temps ensemble. Chaque animal a son propre territoire. Si un pika voit qu'un autre s'approche trop près, il le chasse.

Quand ils sont effrayés, les pikas poussent un cri particulier pour prévenir leurs voisins du danger. Leur cri semble provenir de plusieurs endroits à la fois, ce qui désoriente les prédateurs et rend les pikas plus difficiles à attraper.

Les pikas s'accouplent au printemps.
Une portée peut compter jusqu'à six bébés.
La mère s'occupe de ses petits dans son nid,
caché dans le tas de pierres. Les bébés
mangent des aliments solides au bout de
trois semaines environ, juste au moment où
les premières pousses nourrissantes font
leur apparition dans le pré. Peu de temps
après, les jeunes pikas partent à la
recherche de leur propre territoire.

Bientôt, ils travailleront très
fort à leur meule
de foin.

CHAPITRE 9

L'hermine

Où que tu te rendes au Canada, il est fort probable que des hermines vivent tout près. On trouve ces belettes longues et minces dans chaque province et chaque territoire, aussi bien dans les vallées et les plaines qu'au sommet des montagnes.

L'été, l'hermine a un pelage brun pâle. Mais quand la neige arrive, son pelage devient tout blanc pour se fondre dans l'environnement.

Enfin, presque tout blanc. Le bout de la queue reste noir, ce qui rend l'hermine plus facile à repérer dans la neige blanche. Elle réussit ainsi à berner les hiboux et autres oiseaux qui tentent de l'attraper puisqu'ils l'attaquent par le mauvais bout! Avec un peu de chance, l'hermine a alors assez de temps pour s'enfuir et se mettre à l'abri.

L'hermine bâtit son nid sous des racines d'arbres enchevêtrées, dans une bûche creuse ou dans un tas de pierres. Il lui arrive aussi de s'approprier un terrier qu'un autre animal a abandonné. Elle garnit son terrier de fourrure pour qu'il soit aussi chaud que possible pendant l'hiver. Parfois, elle y emmagasine de la nourriture en prévision des périodes où celle-ci se fera plus rare.

La femelle donne naissance à près de six minuscules bébés, au printemps. Chaque bébé a environ le poids d'une pièce de un cent; ses yeux sont bien fermés et il n'a pas de fourrure. Il se blottit contre sa mère, où il trouve sécurité et chaleur.

Quelques mois après leur naissance, les bébés ont leur pelage brun d'été; leurs yeux sont ouverts, et ils commencent à jouer à l'extérieur du terrier. Leur mère leur apporte des souris et des campagnols vivants pour qu'ils s'exercent à chasser. C'est très amusant pour la jeune hermine, mais beaucoup moins pour la souris!

L'hermine adulte est un excellent chasseur. Rapide comme l'éclair et très féroce, elle saute sur sa proie et la tue d'un seul coup de dents. L'hermine mange surtout de petites créatures, comme la souris, mais elle peut aussi s'attaquer à des proies plus imposantes telles que le pika, l'écureuil roux, le jeune lièvre et même les oiseaux.

Dans les régions enneigées, pour savoir si une hermine est passée par là, tu n'as qu'à chercher des pistes en zigzag, qui reviennent sur elles-mêmes. L'hermine ne marche presque jamais en ligne droite!

CHAPITRE 10

L'aigle royal

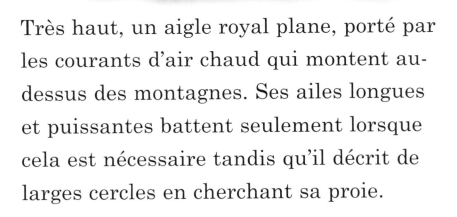

Très haut, un aigle royal plane, porté par les courants d'air chaud qui montent au-dessus des montagnes. Ses ailes longues et puissantes battent seulement lorsque cela est nécessaire tandis qu'il décrit de larges cercles en cherchant sa proie.

Mais ne te laisse pas tromper par ses cercles paresseux. Un aigle royal peut voler jusqu'à une vitesse de 100 kilomètres à l'heure, et même deux fois plus vite quand il plonge pour capturer sa proie. Pas étonnant qu'il soit l'un des prédateurs les plus redoutés de la montagne!

Pouvoir voler est un gros avantage en montagne. Cela permet de voir sur de longues distances. Et aussi de voyager plus facilement sans se soucier des sols rocailleux, des éboulements et des pentes glissantes.

Naturellement, pour repérer des proies de là-haut, il faut avoir de bons yeux. Comme tous les oiseaux de proie, l'aigle royal a une excellente vue. Il peut voir un lapin dans un pré sur la montagne, à trois kilomètres à la ronde!

L'aigle royal change de couleur vers l'âge de quatre ou cinq ans. C'est alors que les plumes de son cou deviennent d'un joli brun doré. Avant, elles sont simplement brunes avec des taches blanches. À l'âge adulte, l'aigle royal est le plus gros oiseau de proie du Canada. Quand il déploie ses ailes en plein vol, il est É-N-O-R-M-E!

Contrairement aux autres aigles, l'aigle royal a des plumes jusqu'aux serres, un peu comme s'il portait un pantalon. Ses griffes sont assez puissantes pour saisir et soulever une charge de trois kilos.

Le menu de l'aigle royal se compose
principalement de lapins, de lièvres,
de marmottes et d'écureuils terrestres.
Il peut aussi attaquer de gros oiseaux en
plein vol, comme la bernache. L'aigle royal
est très fort : on en aurait même vu un
terrasser un jeune chevreuil!

Parfois, les aigles chassent deux par deux.
Le premier poursuit la proie jusqu'à ce
qu'elle s'épuise, puis le second plonge pour
la tuer. Mais la plupart du temps, ils
chassent seuls.

Regarde! C'est un oiseau? Un avion?
Superman? Attends… c'est *bel et bien* un
oiseau!

Les montagnes sont l'un des derniers endroits où les animaux évoluent librement sans être dérangés par les humains. Les rochers, les ruisseaux, les vallées et les pentes boisées leur offrent une multitude de cachettes.

Experts en escalade...
Champions de natation...
As du vol...

Les animaux des montagnes du Canada sont magnifiques!